Singles versinken lautlos?

Unsere Empör-Schrift

Knut Koch

Zweite Auflage

www.singlesversinken.de

Herausgeber: Knut Koch
LLL-Verlag   Postfach 200330   13581 Berlin
Herstellung und Verlag: BoD - Books on Demand, Norderstedt

ISBN: 9783748188759

Inhalt:

Brief-Adresse
Zuschriften überlassen uns das Copyrecht

Mindmash.tv
Lindenufer 39
13597 Berlin

Mail an **brief@singlesversinken.de**

Dies ist ein unvollendetes Buch, es fordert seine Leser auf schreibt es weiter und streitet gemeinsam!

Im Jahr 2017 wohnten 17 Millionen Singles in Deutschland.

Die Mehrzahl lebt vermutlich unfreiwillig allein. Alle meistern mehr oder weniger ihr Leben – bis zu dem Tag, ab dem sie pflegende Hilfe brauchen.
Wer alleine lebt, ist darauf eingestellt sich alleine zu helfen. Manche sind gut versichert. Dennoch verdrängen fast alle Gesunden die Vorstellung „irgendwann mal" hilfsbedürftig zu werden. Die Statistik sagt, dass bei uns ab einem gewissen Alter jede zweite Frau und jeder dritte Mann ein Pflegefall wird. Wer versorgt die Alleinlebenden? Unser Pflegesystem ist darauf nicht vorbereitet. Es setzt auf Hilfe von Familienangehörigen und das ist fatal.
Immer weniger Familien leben in benachbarten Haushalten, immer sinnloser ist es zudem, dass Gesunde für die häusliche Pflege der Angehörigen ihren Job aufgeben. Und Alleinlebende haben in der Mehrzahl sowieso keine pflegebereiten Angehörigen.

Einzig die skandinavischen Staaten, die Niederlande und Belgien erkannten diese Entwicklung und entschieden sich für ein anderes, wie sich zeigt, sehr erfolgreiches Pflegesystem. Denn es baut **nicht** auf die Familie.

In unserem Land beobachten Politiker eine nahende Lawine hilfloser Mitbürger schon seit 2010! Zahllose Mahnungen sind in den Medien erschienen, aber unser System versagt. Immer weniger Familien können ihre Alten versorgen. Immer mehr Menschen vereinsamen und immer zahlreicher werden sie lautlos einsam sterben. Wir schippern wie *boat people* unabwendbar auf unsere Katastrophe zu.

Unabwendbar? Wir sind 17 Millionen!

Singles versinken – lautlos?

Immer wirkte ich jünger und lebhafter als es meinem tatsächlichen Alter entsprach. Immer war ich gern allein -- und hab mich doch nach Freunden gesehnt. Wenn sie mir vertraut wären! Immer blieben sie mir fremd, die Familie und schon als Kind die Spiele der anderen, später die Mitschüler, noch später die Kollegen.

Zwei meiner liebsten Freunde habe ich jahrelang und bis zum Tod gepflegt, auch das Siechtum meiner Mutter erlebt. Ich kenne Hilflosigkeit, sie ist mir in allen Stadien vertraut. Und natürlich werde ich vorbereitet sein, später mal, das organisiere ich mir dann rechtzeitig... Bin vorerst in Sicherheit. Beängstigend ist die Situation all derer ohne ausreichende Rücklagen fürs Alter! Sie wissen das und haben Angst. Und nicht einmal ich weiß, ob mein Erspartes im Pflegefall ausreichen wird.

Ich konnte mir in Berlin eine Wohnung kaufen. Habe mich eher zufällig für eine ‚barrierefreie' Wohnung entschieden. Von der Straße aus könnte ich –später mal- im Rollstuhl zur Haustüre und im Lift bis zur Wohnung fahren, auch in den Zimmern nirgends Treppenstufen, nicht mal Türschwellen. Das war für mich nicht kaufentscheidend, aber es war mir durchaus bewusst: dies wird meine Wohnung sein bis zum letzten Tag. -- Wird es?

Während der sieben Jahre in dieser Wohnung hatte ich mich hin und wieder ermahnt mir wenigstens einen Hausarzt zu suchen der auch Hausbesuche macht im Notfall. Na ja, ich und Notfall?

Klar, ich könnte stürzen, allein zuhause. Ich kann einen Infarkt haben, an dem mein Vater bereits mit fünfundfünfzig starb. Ah, ich würde es noch immer schaffen zu meinem Telefon zu robben. Und manchmal ist es besser man wird erst gefunden, wenn alles zu spät ist. Also was soll's. Und sowieso war ich doch seit Jahren nicht krank!
Wozu ganz gewiss eine Gewohnheit beiträgt, die ich trotz meines Alters konsequent einhalte. Mich hält fit und gesund jeden Morgen aus

dem Bett gestiegen sofort eine eiskalte Dusche zu nehmen und mich nass an frischer Luft zu trocknen. Egal bei welchem Wetter und zu jeder Jahreszeit nass auf dem Balkon. Die Wechselwirkung von Wasser und Luft weckt alle Sinne! Stärkt das Immunsystem. In der Wohnung trinke ich danach einen heißen Kaffee und hellwach beginnt mein Tag.

Auch im Februar 2018 noch in meiner Gastwohnung während der Proben und Aufführungen in Hamburg. Altbauwohnung mit Balkon und freiem Blick durchs Wintergeäst des hohen Baums vorm Haus. Ich trat also auch hier triefnass ins Freie, breitete die Arme aus zu allerlei Übungen, dank derer ich es bei Wind und Wetter durchaus einige Minuten da draußen aushielt, nie sah mich wer dort oben, nur die Raben flatterten erschreckt davon aus dem kahlen Baum: eine Vogelscheuche, die sich bewegt!

Allerdings war diese Wohnung miserabel beheizt, bei einer Deckenhöhe von vier Metern, dazu fünf hohe nicht isolierverglaste Fenster. Täglich kühleres Wetter. Ungemütlich tagsüber und vor allem nachts, die Außentemperatur sank auf minus sechs Grad. Ich schlief in der letzten Woche unter zwei Federbetten und in dickem Mantel mit Kapuze. Behielt dennoch meine eiskalten Duschen bei, obgleich ich morgens ganz und gar nicht aus einem kuschelig warmen Bett stieg. Für die wenigen Aufführungen die noch zu spielen waren wollte ich aber diese Wohnung nicht wechseln.

Am vorletzten Tag ein leichtes Kratzen im Rachen, am letzten Tag schon heiser gespielt. Ich schaffte es per Bahn und im Taxi samt kleinem Hund und schwerem Gepäck die Berliner Wohnung zu erreichen. Dort brach in nie erlebter Heftigkeit eine brutale Erkältung aus, alle Atemwege im Kopf blutig verschleimt, kein Fieber, es konnte ja keine Grippe sein, ich war geimpft gegen alle vier Komponenten dieser Saison, dennoch Husten, an dessen Anfällen ich jedes Mal zu ersticken fürchtete. Nachts verschwitzt, die Wäsche klatschnass mehrmals gewechselt. Und ständig blutiger Schleim aus der Nase, als ob mir das Hirn ausläuft – nie hatte ich so etwas erlebt. Ich glühte ausgedörrt, halluzinierte Berge von kühlend leckerer Eiscreme. Und wollte wenigstens am zweiten Tag einkaufen gehen und meinen leeren Kühlschrank füllen. Konnte mich stattdessen nur in meiner Straße zu dem Arzt schleppen bei dem ich mich hatte impfen lassen. Er kannte mich weiter nicht, ich war ja immer protzgesund, die Impfung reine Routine. Jetzt kam ich zu ihm in dickem Kapuzenmantel mit Mundschutz. Der Arzt horchte meine Lunge ab, maß den Blutdruck und sagte: „Leider ist Ihre Lunge intakt, Sie haben keine Grippe, nur ein Virus, also kann ich nichts für Sie tun, Sie Ärmster, da müssen Sie durch! Gegen den Hustenreiz verschreibe ich Ihnen Codein." Es war dann mein letzter Gang den ich knapp noch schaffte: statt in den Supermarkt zur Apotheke – Codein! Das landete kurz darauf in meinem Müll, nach Studium der „Packungsbeilage"...

Ich rotzte nun einsam weiter Blut aus einem halluzinierenden Kopf, und mein hartnäckiger Husten brachte mich um jeden Schlaf, was mich zusätzlich schwächte. Schon ab dem dritten Tag schlurfte ich als ein uralt stöhnender Mann durch meine barrierefreie Wohnung. In der NICHTS auf eine solche Hilflosigkeit vorbereitet war. Kaum etwas Essbares gelagert – nur ausreichend Trockenfutter für meinen Hund, der zweimal am Tag raus musste in die Kälte. Für ihn packte ich mich ein wie ein Eskimo und kam jedes Mal ausgekühlt und noch kränker zurück in die überheizte Wohnung, in der ich zwar schwitzte, aber zugleich fror. Binnen weniger Tage verließen mich meine Kräfte, schleimblutend, schlaflos, hungrig, verwirrt.

Ich simste einigen Berliner Freunden, teils mit Selfie vom siechen Alten. Gesandt auch meinen Nachbarn auf der Etage –wir sind dort nur zwei Parteien- von **allen** kam unisono eine Antwort: „Gute Besserung!" Keiner fragte: „Brauchst du etwas?" – „Ja gern, wenn ihr mittags kocht, eine Suppe vor meine Türe..." Nein, das kommt mir nicht über die Lippen wenn sie mich nicht fragen. Ich bestell mir was Essbares übers Internet! Keine Ahnung wo und wie. So was hatte ich bisher nie nötig.

Für alle angeklickten Bringedienste musste ich zunächst meine sämtlichen privaten Daten eintippen bis hin zum Geburtstag der Großmutter... so qualvoll zumindest empfand ich das... Dann endlich die Abbildungen frischer Waren. Und rein in den Korb – der musste aber gefüllt werden beim ersten Anbieter im Wert von einhundert Euro, beim zweiten immerhin ‚nur' Einkauf ab sechzig Euro. Ich tippte triefend und stöhnend und kam auf Waren im Wert von vierzig Euro... für mich alleine und in diesem Zustand! Sollte ich Champagner kaufen?! Und Lieferfrist ab morgen siebzehn Uhr... Da habe ich wütend den virtuellen Korb stehen lassen. Hab bei einer altersschwachen Nachbarin die Telefonnummer einer hilfsbereiten Türkin erfragt. Sie erbarmte sich und ging für mich sofort in den realen Supermarkt. Lieferzeit fünfzehn Minuten! Vor allem brauchte ich Eiscreme...

Und dann spürte ich, dass ich austrockne. Literweise schwitzend! Mir lief die Lebenskraft aus. Mir war bewusst einer in meinem Alter und mit einem solchen Virus kann jederzeit umkippen... lautlos. Liegt kraftlos in seiner barrierefreien Wohnung auf 'm Parkett und verreckt.

Warum lag ich nicht längst wohlversorgt in einer komfortablen Klinik? Bin doch versichert! Weiß aber auch, dass jedes Jahr in Deutschland bis zu fünfzehntausend Patienten an diversen Klinik-Keimen sterben. Die könnte ich mir immungeschwächt in diesem Zustand sofort einfangen, einen resistent tödlichen Keim, der gar nichts mit der Krankheit zu tun hätte deretwegen ich in die Klinik eingeliefert würde. Mein Kopf blutete inwendig, da drin war alles entzündet... schon im Rettungswagen würde ich mir einen tödlichen Keim einfangen, geschweige im Trubel einer Klinik...! Nein, bestenfalls konnte ein Arzt zu mir in die Wohnung kommen! Und keinesfalls dieser dröge „Sie Ärmster!"-Codein-Doktor! Ich wurde immer kraftloser. Und panisch!

Mehr als eine Woche plagte ich mich einsam stöhnend, bis ich endlich den Notruf wählte. „Bitte schicken Sie mir einen Arzt..., ich kann jeden Moment umkippen." „Wir schicken Ihnen nur einen Krankenwagen, keinen Arzt. Rufen Sie den privatärztlichen Notdienst." „Das hab ich schon, dort läuft ein Anrufbeantworter." „Warten Sie, ich verbinde Sie!" Und tatsächlich meldete sich kurz drauf ein junger Telefonist. „Ich brauche dringend einen Arzt, ich will keine Klinik riskieren, aber ich kann jeden Moment umfallen!" „Rechnen Sie mit einer Wartezeit von vier Stunden..." – Wie bitte? Bin ich in der Sahara oder bin ich in Berlin?!!! „Ich brauche einen Arzt, der eine Infusion setzen kann falls ich dehydriert bin." „Dafür sind alle unsere Ärzte ausgestattet. Wie ist Ihr Name, Adresse und Ihr Alter?" Ich will es ihm runterbeten – aber mir versagt die Stimme, ich weine. Völlig erstaunt über mich selbst. Mit Mühe schluchze ich meine Daten... Und war doch vor wenigen Tagen noch topfit!

Fiel dann vorerst nicht tot um. Auch nicht, als der nach zwei Stunden eintreffende Arzt ein totaler Trottel war – noch fahrlässiger als der ‚Codein-Doktor'. Und natürlich nicht imstande eine bedrohliche Dehydrierung abzuwenden. „Dafür bin ich nicht ausgerüstet..."

Ich will **keine weiteren Details** meiner Leidenstage berichten, hab es ja irgendwie geschafft und bin mittlerweile wieder fit genug meine eiskalten Duschen zu praktizieren. Erfuhr allerdings, dass ‚mein' Virus ein europaweit grassierendes war, nicht enthalten im Grippe-Impfstoff. Das Virus hat viele Patienten bis zu acht Wochen lang gemartert – und in Deutschland starben daran in dieser Saison über tausend Infizierte. (Robert Koch Institut) Davon waren 87 % älter als 60 Jahre... sind alle mitgezählt, die still und einsam vom Virus gekillt wurden?

In Deutschland wohnt europaweit die zweithöchste Zahl an Singles. Diese Masse Alleinlebender ist ein Phänomen unserer Neuzeit. Als ich ein junger Mann mir Anfang der sechziger Jahre meine erste Wohnung mieten wollte (mindestens zwei Zimmer), fragten mich die Vermieter misstrauisch: „Für Sie alleine?" Frauen solo oder gar alleinerziehend mit Kind hatten damals auf eine eigene Wohnung moralisch kein Anrecht. Es änderte sich dann rapide. Also kommen jetzt wie ich Millionen von Singles in die Jahre? 1991 hatten wir bereits 11,4 Millionen

Alleinlebende in Deutschland, im Jahr 2016 schon 16,8 Millionen, das entsprach damals 41 % aller Haushalte.

Umkippen und hilflos in seiner Wohnung sterben kann auch ein junger Mensch. Die Wahrscheinlichkeit wächst jedoch, dass nun mehr und mehr ältere Einsame tot in ihren Wohnungen gefunden werden. Einige Singles sind vielleicht gut genug vernetzt, dass ihnen Angehörige, Freunde oder Nachbarn beistehen. Aber leben nicht viele allein, weil ihnen das Vernetzen nicht gelingt? Sie schaffen ja nicht mal sich Essen per Net liefern zu lassen. Und wer von uns ist auf Hilflosigkeit eintretend binnen weniger Tage vorbereitet? Wer würde Freunde um Hilfe bitten...?

„Gute Besserung!"

Testet es selbst: Ruft beste Freunde und vertraute Nachbarn an, behauptet hilflos zu sein. Einige werden helfen wollen falls es für eine kurze Spanne ist, schon weniger falls es ansteckend ist (Virus) – und am wenigsten falls sich ein längerer, vielleicht jahrelanger Hilfsbedarf abzeichnet (Krebs, Schlaganfall).

Ach, Knut, hör doch auf mit solchem Horror-Szenario, ja klar, später mal trifft es den einen und die andere. Das wird dann ein sich langsam entwickelnder Prozess. Krankenhaus, Reha, Pflegestufe... Kannst dich ja still verkrümeln, statt in einem Heim zu verrotten. Dort fehlen sowieso schon heute 80.000 Pfleger. Lieber lautlos abnippeln in der eigenen Wohnung!

Still umzukippen, das bedeutet selten sofort tot zu sein... Meine Mutter lag zwei Tage auf dem Küchenboden und niemand hörte sie rufen. Bis sie zufällig entdeckt wurde.
Wird die Zahl der ungehört einsam Verreckten wachsen? Seit ich mich über diese Frage mit allerlei Menschen unterhalte, erfahre ich ständig neue Grusel-Geschichten. Eine Berliner Bekannte erzählte mir, es habe in ihrem sechsstöckigen Treppenhaus ungewöhnlich viele Fliegen ge-

geben, bis jemandem auffiel: die kamen unter einer der Wohnungstüren rausgekrochen...

Ich recherchierte und las die unvorstellbare Zahl von 17 Millionen Singles – Tendenz steigend. Müssten nicht wenigstens wir alarmiert in Massen demonstrieren gegen die zu geringe Zahl ausgebildeter Helfer? Schon 2013 hätten bei uns 2,6 Millionen Pflegebedürftige demonstrieren können. Was hören und sehen wir von ihnen? Und wenn es demnächst zu viele werden, einsam ohne Pfleger und Angehörige – was dann?! Wird es bald eine schmerzlos schnell wirkende Pille geben, freundlich den Hilflosen bereit gelegt, falls sie anderen nicht mehr zur Last fallen wollen? „Wenn Sie mal zu müde werden und auch nicht mehr leiden wollen..." Entsorgt euch klammheimlich! An euer stilles Verschwinden gewöhnt sich schweigend die Nachbarschaft. Alarmiert erst von Fliegen. Also Entrümpelung. -- Neue Mieter. – „Gute Besserung!"

Wird es unausweichlich so kommen, weil wir zu viele Hilflose sein werden? In spätestens einer Generation werde „jeder fünfzehnte Deutsche pflegebedürftig sein", schrieb die Süddeutsche Zeitung -- **im Februar 2018**. Während einer Hitzewelle im August 2003 starben in Frankreich binnen zwei Wochen etwa 11.500 alte Menschen an Dehydrierung. Die exakte Zahl war nur interessant für plötzlich entlastete Rentenkassen. Die Ärzte nannten es eine Epidemie! Alle Leichen wurden entsorgt. Zur Vor-sorge mussten dann Kliniken und Heime ausreichend Ventilatoren anschaffen -- ! Gegen Viren helfen keine Ventilatoren. Gegen einsames Sterben sowieso nicht.

Eine überalterte Gesellschaft verjüngt sich jeweils per Epidemie? Notfalls per Pille? Nein, nein, das werden unsere Nachfahren nicht hinnehmen, ein Massensterben der Alten ist gar nicht denkbar. Wie sollten denn die Überlebenden so viele Leichen verkraften?

Ich war schon dreißig als mir erstmals ein älterer Kollege davon erzählte, dass es nach dem ersten Weltkrieg eine Grippe-Pandemie gab, an der bei uns mindestens 300.000 Menschen starben, ganze Familien ausgerottet. Weltweit waren es 50 Millionen oder auch hundert Millionen, die Angaben schwanken... Es war kurz nach dem ersten Weltkrieg, nach sowieso Millionen Toten. Wer wollte da noch zählen? Alle, sowohl die Kriegstoten als auch die Viren-Toten wurden damals entsorgt.

Genug davon!!!

Ich will dieses Buch nicht schreiben um 17 Millionen deutsche Singles in Panik zu versetzen. Uns nur auffordern, gemeinsam und laut darüber nachzudenken was wir organisieren können um nicht in Massen lautlos zu versinken! Verloren im Meer moderner Menschen. Und auch nur, weil unser „familienbasiertes" Pflege-System versagt, weil mehr und mehr Familienbande „erodieren". Mehr und mehr Menschen abgedrängt sind in einsame Haushalte. Berlin trägt heute bereits den Titel ‚Hauptstadt der Einsamkeit' (Tagesspiegel) Wie konnte es so weit kommen?

Wie kam das in Mode, dass so viele alleine wohnen? Darauf hat jeder seine eigenen Antworten. Viele gesunde Singles haben durchaus gute Argumente fürs komfortable Alleinsein und sie fühlen sich überwiegend einem alltäglich intimen Zusammensein in gemeinsamer Wohnung gar nicht (mehr) gewachsen. Auch ich könnte positiv beschreiben, welche Annehmlichkeiten mein Alleinleben mir bietet. Obwohl ich, noch bevor mich dieses Virus krass umgehauen hat, längst wusste Alleinsein ist auf Dauer ungesund. Neue Studien ergaben: allein zu leben ist so schädlich wie Rauchen und Trinken. Einsamkeit kann heftig krankmachen und tödlich sein. Auch ohne Virus.

Dennoch hat das Wort „einsam" für mich einen allzu sentimentalen Touch, „Alleinsein" klingt neutraler – und ist fataler! Tatsächlich entwickelt es sich nämlich wie eine Suchtkrankheit schleichend. Schon die Einrichtung meiner Wohnung ganz nach eigenem Geschmack war eine

Falle. Bald schon hatte eine zweite Person gar keine Chance mehr sich bei mir einzuleben. Bringt alles durcheinander, hat unerträglich `geschmacklose' eigene Möbel, stört meinen Rhythmus, darf bestenfalls bei mir Gast sein. Auch habe ich inzwischen Angewohnheiten die einem Partner gar nicht mehr zuzumuten sind. Bin nachts oft hellwach, esse unregelmäßig, mal höre ich Musik und ertrage sie dann tagelang nicht. Die Wohnung überheizt. Fremde Kochdünste und feste Essenszeiten sind mir eine Zumutung! Auch das früher so wohlige gemeinsame Schlafen nackt und möglichst unter einer gemeinsamen Decke ist mir mittlerweile unerträglich. Mal schmerzt mein Rücken, mal plagen mich Träume, viel zu oft bewege ich mich im Schlaf... Alle häuslichen Tage und Nächte laufen ab nach *meinem* Bedarf. Und den gestalte ich mir frei und zugleich mit präzisen Gewohnheiten. Et voilà..., so beginnt die krankmachende Wirkung des Alleinseins. Ich werde eigenbrötlerisch.

Fiel mir denn früher das Zusammenleben nur leichter, weil Sex für lustvolle Nähe sorgte, auch bei Chaos drumherum? Bohème! Jede halbschlafende Bewegung im Bett war wonnig statt lästig, die Lust am Miteinander war mir wichtiger als m e i n e Ordnung.

Was könnte mich heute motivieren nicht allein sein zu wollen? Gehe ich mal unter Menschen, verstärkt das nur mein Alleinsein. Ich schaffe es zwar in Gesellschaft lebhafte Dialoge zu zünden, aber es sind dann doch eher Monologe ringsum, weil wir alle viel reden und doch wieder gelangweilt schweigen. Man nennt es inzwischen „die Kultur der Unverbindlichkeit". In Wahrheit ist es erstarrte Kälte aus Überdruss. Alles schon gehört, alles schon gesagt, nur keine neuen Enttäuschungen riskieren! Kommt mir nicht zu nah! -- Wann fing das an, dass ich mich anderen entfremdet habe?
Ach, macht es denn Sinn immer weit zurück zu fragen? Ich müsste doch j e t z t raus aus dieser Falle. Die mir ja schon meine Mutter vorgelebt hat. Allein in ihrem Haus. Mein Vater war nur drei Jahre älter als sie, leider früh gestorben, die Mama dreißig Jahre lang Witwe. Wir drei Söhne nicht nur aus dem Haus, sondern hunderte Kilometer entfernt.

Um keinen Preis wollte sie ihr Haus aufgeben... seit Kriegsende lebte sie in ihrer Kleinstadt, reichlich Nachbarschaft. Sie war bekannt und angesehen im Ort. Durchaus noch hier und dort eingeladen – fast immer sagte sie ab. „Bin zu alt, was soll ich da?" Sprach tagelang kein Wort. Holte sich das Leben via Fernsehen ins Haus. Passiv im Sessel hockend. Es gab einige Sportsendungen, da sprang sie manchmal auf und spielte wütend mit: „Schieß doch!" Oder bei Tennis, das sie früher selbst gespielt hatte, schlug sie virtuell mitspielend oft in die Luft. Noch öfter allerdings schlief sie ein vorm Fernseher in ihrem Sessel, ‚hörte' aber aus der TV-Kiste gesellige Stimmen, also schlief sie nicht einsam. Erst tief in der Nacht dann der Moment, in dem sie Ton und Bild der Außenwelt abgeschaltet hat. Brutale Stille im Haus. Man fand sie in ihrer Küche, man hat die alte Frau reanimiert als einen Pflegefall fürs Heim.

Alles lebe ich ihr nach. Mein halbwacher TV-Schlaf im Sessel ist quälend. Wenn ich den verdammten Kasten endlich ausschalte -- sitze ich nachts in stummen Wänden und will den Tag nicht enden lassen. Dennoch tickt die Uhr.

Wie entgehe ich meinem Alleinsein? Und wie, das ist nun meine neue Sorge, schaffe ich mir ein verlässliches Netz, wenn ich unerwartet Hilfe brauche? Keine „Gute Besserung!"-Freunde, dann lieber pflegende Profis. Falls es sie demnächst noch gibt. Mir das zu organisieren darf nicht warten auf „später mal"? **Jetzt** muss ich vorsorgen! Binnen Tagen hilflos, das darf ich nicht mehr vergessen nur weil ich wieder fit wie zuvor und für mein Alter ungewöhnlich vital bin. Keiner meiner Freunde konnte sich vorstellen, dass ich lautlos verrecke in meiner barrierefreien Wohnung!

Einfach verstummen?

Zum ersten Mal in meinem Leben habe ich mich nah am Tod erlebt, das hat erstaunlichen Widerstand provoziert. Noch will ich nicht versinken! Aber wenn einer in keine Klinik und schon gar nicht in ein Heim will, alleine lebt und häusliche Hilfe braucht, wie versorgt er sich? Inzwischen kenne ich immerhin Adressen von Hilfsdiensten. Alle überlastet, auch hier fehlt Pflegepersonal. „Tut uns leid, wir können derzeit keine neuen Pfleglinge annehmen." Ein Ärzteteam in meiner Nähe annoncierte: „Auch Hausbesuche." Als ich jetzt zu ihnen ging, vorsorglich, sagte mir freundlich die junge Dame am Empfang: „Wir nehmen keine neuen Patienten an." Und in Kliniken wird Gebrechlichkeit sowieso nicht versorgt. Pflege nur im Heim – oder daheim. „Haben Sie Vermögen?"

Natürlich bleibe ich nun motiviert mich genauer zu erkundigen. Wer kann mir wann helfen? Diesem Virus sei Dank habe ich das Problem erkannt! Aber je mehr ich recherchiere desto verlorener fühle ich mich.

Gesundheitsminister Rösler am 6.12.**2010:** (Berliner Tagesspiegel)
„Im Pflegebereich ist schon jetzt ein Mangel an Fachkräften festzustellen. Wegen der demografischen Entwicklung
wird sich die Lage verschärfen."

Prof. Stefan Sell am 21.9.**2017** im Interview: (SPIEGEL Online)
„...in der Altenpflege laufen wir auf eine regelrechte Katastrophe zu... flächendeckender Mangel an Fachkräften..."

Was meinen sie mit „Katastrophe"? Das Wort verschleiert die brutale Tatsache, dass demnächst abertausende Pflegefälle unversorgt bleiben werden. Also meint „Katastrophe" ein stilles Massensterben.

Was erklärt den deutschen Pflege-Notstand?

Nach vielen Recherchen kenne ich inzwischen den Grund weshalb unsere Alten und Hilflosen derart schlecht versorgt sind – und bei Eintritt der nahenden „Katastrophe" viele demnächst gar nicht mehr versorgt werden können. Schuld daran ist, wie ich eingangs schon andeutete, unser „familienbasiertes" Pflege-System. Traditionell fühlt sich in unserem Land die Familie für ihre Alten verantwortlich. Unser Staat hilft daher nur im extremen Notfall – möglichst erst wenn alle Eigenmittel des Pflegebedürftigen aufgebraucht sind. Wer kann, bezahlt eigen organisierte Helfer, günstiger zu finden auf dem ‚grauen Markt' ausländischer Hilfskräfte. Der wird geduldet. Denn deutsche Fachkräfte privat einzustellen ist nur Superreichen möglich. Und sogar solche ausländischen Laien-Pfleger sind für die meisten Hilflosen schon nicht mehr bezahlbar.

Wie hoch ist unter uns Millionen Alleinlebenden der Anteil finanziell Schwacher? In Kalkutta liegen einsam sterbende Menschen auf den Straßen. Bei uns siechen sie nicht öffentlich dahin, aber mangels Personal werden sie nicht mehr versorgt sein. Können mangels freier Plätze nicht mal zwangsweise eingewiesen werden in Heime. Eine sprunghaft ansteigende Zahl hilfsbedürftiger Singles, ohne helfende Familie.

Es ist unfassbar, dass nicht vor Jahren schon unser marodes Pflege-System staatlich geändert wurde. Es war offenbar immer eine Frage des Geldes. Bis der Minister Norbert Blüm mutig eine gesetzliche Pflegeversicherung erkämpfte. Gegen absurde Widerstände rigoroser Profiteure, die schon damals den Markt der Altenpflege abschöpften. Wenn überhaupt eine solche Pflicht-Versicherung, dann wollten sie sich deren enorme Einkünfte raffgierig teilen. Sie zwangen den Minister zu Kompromissen. Es entstand ein kompliziertes Verteil-System der Erträge dieser Versicherung, dessen Kontrolle dem Staat seither mehr und mehr entglitt.

Mir flatterte kürzlich ein Finanzangebot ins Haus für eine gesichert hohe Rendite bei privater Investition in Pflegeheime und abgesichert durch „jährliche Anteile aus der Pflegeversicherung". Um eine attraktive Rendite für die Investoren zu erwirtschaften, werden diese Anteile in Heimen straff profitorientiert eingesetzt –niedrige Personalkosten, nach Minuten brutal berechnete Zuwendungen, geizige Gewährung von Hilfsmitteln durch die Kassen, dazu rigorose Forderungen an Familienangehörige bis zur Aufzehrung des Privatvermögens der Pflegebedürftigen und erst dann staatliche Hilfen aus Sozialleistungen, zusätzlich erbracht vom Steuerzahler ... im Dschungel von Profiten und Bürokratie versickern unfassbar hohe Summen unserer Pflegeversicherung.

Auf gar keinen Fall durfte die gesetzlich finanzierte Pflege-Vorsorge den Profiteuren zur *Selbstverwaltung* überlassen werden. Statt ausreichend Ausbildungsplätze für vorhersehbar fehlende Pflegekräfte zu schaffen, wurden deren Stellen gekürzt, die Arbeit profitabel auf immer weniger Kräfte verteilt, sowohl in Heimen als auch in Kliniken. Und es werden viel zu niedrige Löhne gezahlt. Unser System müsste endlich von Grund auf erneuert werden. Mutig abgesichert gegen Raffgier der Investoren und sonstiger Nutznießer.

Derzeit haben wir einen neuen Minister der forsch tausende neue Pflegekräfte einzustellen versprach -- als pure Luftnummer, denn Fachkräfte kann er ja nicht beschaffen wie Roboter. Also will er skrupellos aus armen Ländern die d o r t ausgebildeten, weil in ihrem eigenen Land dringend benötigten Pfleger einkaufen, sie mit skandalös niedrigen Löhnen locken, die im Vergleich zu armen Ländern noch lukrativ sind. Auf Initiative des Ministers beschloss das Parlament mittlerweile **dreizehntausend** neue Stellen für Altenpflege in Deutschland zu schaffen, es fehlen aber fast **zweihunderttausend** Pfleger – nämlich in Heimen u n d Kliniken. Als eine Folge rigorosen Stellenabbaus – zur profitablen Einsparung von Personalkosten!

Es ergaunern sich private Investoren auf dem „Pflege-Markt" skrupellos Gewinne aus der Not alter und mehr und mehr auch kranker Menschen in mehr und mehr privatisierten Kliniken. Ebenso raffgierig die Produzenten überteuerter Hilfsmittel und Medikamente. Längst hat ein Minister gar keine Macht mehr diesen „Markt" zu steuern.

Es sei denn, ehe **w i r** in einer „Katastrophe" massenhaft krank und pflegbedürftig lautlos verrecken, setzen w i r millionenfach endlich ein neues System durch -- nach dem erfolgreichen Vorbild unserer skandinavischen Nachbarn. Denn das ist der eigentliche Skandal: **In Skandinavien gibt es keinen Pflegenotstand.** Aber deren System wird von deutschen Politikern nicht übernommen. Auch nicht von den Politikern in Frankreich, nicht in der Schweiz. Der eidgenössische Bundesrat versucht derzeit eine Initiative zum Volksbegehren „Für eine starke Pflege" zu ignorieren. Endlos viele Mahnungen wurden bei uns während der letzten Jahre veröffentlicht und blieben wirkungslos. Erst kürzlich ging es in der stets hochkarätig besetzen Sendung des deutschen Journalisten Scobel zum Thema ‚Pflegenotstand' fast kabarettreif zu. Einer der geladenen fachkundigen Gäste wiederholte ständig: *„Unser deutsches System hat das Ende der Fahnenstange erreicht."* Ständig wiederholte er dieses *„Ende der Fahnenstange".* Immerhin verwies auch er auf das erfolgreiche skandinavische System.

Warum bewirken alle Diskussionen und Dokumentationen keine Änderung im Machtgefüge zwischen Politik und Profit? Aus Not entschließen sich jetzt sogar Kinderkliniken ihre verfügbaren Krankenzimmer nicht zu belegen – es fehlt Pflege-Personal. Todkranke Kinder werden abgewiesen!

Müssen wir das hinnehmen? Vermag die Politik uns nicht zu schützen vor der Macht des Geldes?

Immer wieder drängt sich der Vergleich auf zum sturen Entscheid der Regierenden pro Atom-Energie. Zu tausenden haben wir damals mit dem Slogan „*Atomkraft, nein danke!*" protestiert, stur haben die Politiker dennoch auf das irre Nuklear-System gesetzt und für immense Summen all die Kraftwerke bauen lassen -- die nun endlich und in Deutschland sogar vorzeitig abgebaut werden. Wofür allerdings die Betreiber dieser Werke teuer entschädigt werden, sie erhalten eine zusätzliche Milliarde für ‚vorzeitig' abgeschalteten Irrsinn. Dazu die aberwitzigen Kosten des Abbaus der Kernkraftwerke und dann die Folge-Kosten für die hunderttausend Jahre während Lagerung tödlich verstrahlten Atommülls. Unfassbare Summen sind verpulvert an Profiteure – und plötzlich sollen erneuerbare, also in der Natur frei verfügbare Energien uns versorgen. Es gab doch diese erneuerbaren Energien schon zu Zeiten als tausende Bürger gegen Atomkraft demonstrierten. Warum der lange, sture Kurs in eine Sackgasse?

Wie nun in die Sackgasse unseres *familienbasierten* Pflegesystems und außer Kontrolle geratener immenser Einnahmen der gesetzlichen Pflegeversicherung. Offenen Auges wieder einmal die hausgemachte Katastrophe. Auch ihr, die ihr heute jung seid, werdet euch wundern, wie schnell das „Irgendwann" euch erreicht. Auch euch überrumpelnd, wie es mich jetzt knapp hätte hilflos umkippen lassen. Zu eurer Zeit könnte euch das massenhaft passieren. In einsamen Wohnungen lautlos. Ihr werdet noch mehr Jahre als wir ‚fit' altern. Werdet noch mehr alleinlebende Alte sein, noch weniger Angehörige haben nahebei. Seht ihr es nicht? Wehrt ihr euch nicht?

Eure Vereinsamung scheint unausweichlich. Kommerz und Politik fordern schon jetzt von den Jungen mehr Mobilität im Wechsel der Arbeitsplätze. Wie könnt ihr euch da verlässliche Kontakte schaffen? Eure früher familienfreundliche Sesshaftigkeit sollt ihr rigoros ersetzen durch modernes Nomadentum. Ihr werdet nicht ständig umziehen mit euren Alten und Kranken im Gepäck. Ebenso ziehen eure Kinder "später mal" nicht mit euch um... Wer versorgt euch? „Gute Besserung!" Ignoriert die Politik nicht schon jetzt, dass Arbeit künftig weitgehend ersetzt wird von Robotern? Zahlen diese Maschinen dann Abgaben für eure Pflege? In japanischen Heimen kommt es vor dass Alte morgens aus Personalmangel wie Autos durch automatische Waschanlagen geschleust und tags von niedlichen Robotern mechanisch ‚betreut' werden.

In Berlin bilden bereits heute die Alleinlebenden 52 % aller Haushalte – bei nur 13 % Familienhaushalten. Und das in der Stadt, in der auch die Regierenden leben. Sehen sie es nicht?

Stur argumentieren sie: „Ins Heim will ja keiner, jeder möchte möglichst lange zu Hause gepflegt werden und möglichst von seinen Liebsten." Aber wenn es die nicht gibt? Es ist bezeichnend, dass vorrangig in konservativ regierten Ländern an der zerbröselnden Familien-Chimäre festgehalten wird. Und hier die Sorge für Alte mehr und mehr abgegeben wird an den ‚Pflege-Markt'. Versagt die Familie, dann soll es der freie Markt übernehmen. Zu skrupellosen Preisen. Ganz nach dem Vorbild der Miet-Haie auf dem Wohnungsmarkt. Auch den hat die Politik den Profiteuren überlassen.

Sind die Regierenden wirklich so machtlos? S i e sind es doch, die Gesetze schaffen! Sie verteilen doch jedes Jahr üppige Erträge aus gesetzlich verordneter Versicherung. Wo bleibt all das Geld, wenn wir dennoch einen Pflegenotstand haben? Offenbar wird es falsch gemanagt.

Sogar im konservativ zentralistisch regierten China gibt es dieses familienbasierte Pflege-System, bei bereits heute 180 Millionen Menschen über sechzig und ab 2050 einem Anstieg auf 500 Millionen Alte – überwiegend vereinsamt. Auch dort scheitert schon heute dieses System mangels Personal. Also lädt die chinesische Regierung ausländische Investoren ein als Betreiber privater Heime! Das widerspricht den erklärten sozialistischen Idealen, aber geschieht aus ‚politischer Vernunft'. Als gäbe es keine Alternative zu den Profiteuren dieses „Pflege-Marktes".

Das erfolgreiche skandinavische Pflege-System.

Einen Steinwurf von Berlin entfernt in Dänemark, Schweden, Norwegen, Finnland, Lettland, auch Island und in den Niederlanden haben die verantwortlichen Politiker das Pflege-Problem ebenso frühzeitig wie unsere Politiker erkannt. Aber sie haben sich frühzeitig für ein **anderes System** entschieden. Indem sie argumentierten, dass fast alle auf Hilfe angewiesene Alten viele Jahre gearbeitet und Steuern plus Sozialabgaben gezahlt hatten, somit haben sie ein Anrecht, **vom Staat und nicht von der Familie** versorgt zu werden.

Rechtzeitig wurde daher eine ‚Alten'-Abgabe erhoben -- ähnlich unserer Pflegeversicherung. Seither zahlen a l l e Skandinavier diese Altenabgabe zu einem Prozentsatz ihrer Einkünfte. Und mehrmals gab es Umfragen, welcher Erhöhung an Abgaben die Bevölkerung „falls erforderlich" am ehesten zustimmen würde: immer wurde an erster Stelle dieser Alten-‚Soli' genannt. Weil das Volk klug genug ist zu wissen: diese Abgabe nutzt a l l e n. Denn sie entlastet die Jungen von der Pflegepflicht. Und garantiert den Alten eine würdige Versorgung. Hingegen befürchten 77 % der Deutschen, die Leistungen ihrer Pflegeversicherung werden für den eigenen Pflegefall bei all den Zusatzzahlungen nicht ausreichen. (Report Versicherungs- und Finanzexperten, Jan. 2018)

Der in Skandinavien gesetzlich erhobene Alten-Etat wird nämlich nicht ausgeschüttet in einen Dschungel voll gieriger Profiteure, sondern wird zentral verteilt **direkt an die Kommunen!** Und hier ist die Verwendung des Etats denkbar übersichtlich. Erreicht beispielsweise in Dänemark ein Bürger der Stadt seinen fünfundsiebzigsten Geburtstag, dann besuchen ihn Berater der Kommune und fragen: „Brauchen Sie etwas?" Es wird nicht prüfend gefragt, sondern fürsorglich. Zunächst wird sogar über Initiativen informiert zur Vorbeugung gegen eine vorzeitige Vergreisung -- zum Beispiel aus Einsamkeit. Oberstes Ziel ist nicht die Verbringung in ein Heim, sondern der Verbleib im vertrauten Zuhause. Zahlreiche aus dem Etat finanzierte Einrichtungen bieten daher insbesondere alleinlebenden älteren Mitbürgern anregende Aktivitäten an, auch gesellige Mahlzeiten, gemeinschaftliche Unternehmungen, alles ohne jede Verpflichtung, sondern als kluge soziale Prävention. Solange die Alten mobil bleiben, ermöglicht ihnen das ein autonomes Leben.

Wird dennoch irgendwann für den häuslichen Alltag und einsetzende Gebrechlichkeit eine Pflegkraft benötigt, herrscht dank des Abgabe-Etats kein Personalmangel. Denn rechtzeitig wurden zusätzliche Ausbildungsplätze geschaffen und die Löhne für Pflege attraktiv erhöht. Alle Pflegekräfte sind gut bezahlte **Angestellte der Gemeinde!** Es wird mittlerweile sogar darauf geachtet, dass möglichst Helfer und Berater ihre Betreuten nicht wechseln, um besonders für Alte eine vertraute Unterstützung aufzubauen. Gleichgültig ob nur für täglich eine Stunde oder irgendwann ganztägig. Solange als möglich soll vertraute Hilfe im eigenen Zuhause gewährt werden, zumindest sofern sie dort pflegerisch verantwortbar ist.

Das alles ohne hoheitlich gewährte „Pflegestufen" und kassenbestimmte Zuteilung von Pflegemitteln. Auch auf eine verpflichtende Hilfe der Angehörigen wurde verzichtet. Bei uns sind es meist Frauen, die ihren Job aufgeben um Eltern zu pflegen. Ganz gleich, ob sie dazu ausgebildet, geschweige geneigt sind. Könnten sie weiter arbeiten, zahlten sie weiter Steuern und Sozialabgaben! Ebenso zahlen attraktiv entlohnte und gut ausgebildete Pflegekräfte ihrerseits Steuern und Sozialabgaben. All das macht mehr Sinn, als Angehörige zu verpflichten ihren Job aufzugeben und Pfleger schlecht zu entlohnen.

Dank dieses Systems der **vom Staat vor Ort** eingesetzten Gelder werden leicht überschaubar und bei minimalem bürokratischen Aufwand optimal jene versorgt, die auf Hilfe angewiesen sind.
Nicht als Almosenempfänger, sondern als Empfänger ihres ehrbar erworbenen Anrechts. Sind die Betroffenen vermögend, zahlen sie zu

den betreuenden staatlichen Aufwendungen fünf bis maximal fünfzehn Prozent dazu. Wer das nicht leisten kann erhält dennoch die genau gleiche Hilfe.

Am besten organisiert ist dies in Dänemark. Denn hier gibt es eine Grundrente. Sie deckt für den Fall, dass ein Heimaufenthalt ansteht die fällige Finanzierung von Kost und Logis. Weitere Zuzahlungen gibt es nicht. Also kann jeder Pflegling sich einen Heimplatz leisten. Es sind nun auch überwiegend Heime ersetzt durch Wohnanlagen, in denen die Betreuten sich meist in zwei Zimmern und Küche, Eheleute in drei Zimmern, mit eigenem Mobiliar einrichten können. Alle Heime und die Betreuung werden finanziert von der Gemeinde – aus der Altenabgabe.

Es ist klar zu erkennen, dass diesem System ein grundlegender Respekt vor Alter und Gebrechlichkeit zugrunde liegt. Und die allgemeine Einsicht, dass j e d e r im Alter auf Hilfe angewiesen sein kann. Daher die breite Zustimmung zur Zahlung dieser Abgabe in allen skandinavischen Ländern. Und natürlich lauern auch hier Profiteure auf das jährlich ausgeschüttete Staats-Geld. Immer wieder ist dies ein Thema in Wahlkämpfen. Es werden private Initiativen propagiert, angeblich in ihren Angeboten denen der Kommunen in Wirtschaftlichkeit und Innovation weit überlegen. Aber noch behauptet sich in Skandinavien und den Niederlanden das staatliche System und garantiert die würdige, nicht profitorientierte Versorgung der Alten und eine optimal pflegerische Hilfe für Kranke. Beispiel: Nach einem Bericht von ntv-panorama ist in deutschen Krankenhäusern *eine* Pflegekraft für *zehn* Patienten verantwortlich, in Norwegen *eine* für nur *vier*. Und sterbende Intensivpatienten sind dort grundsätzlich betreut von einer Pflegekraft bis zum Tod. „Keiner stirbt bei uns einsam."

Und noch einen unerwartet zusätzlichen Effekt haben Studien offenbart. In Gesellschaften, die am familienbasierten System festhalten, sind die Geburtenzahlen rückläufig, sie steigen jedoch im System vom Staat versorgter Alter. Denn hier sind die Jungen von der Pflege ihrer

Alten entlastet, gewinnen also Zeit für eigene Kinder. Welch ein faszinierender Zusammenhang: eine Entlastung von der Großelternpflege hebt die Geburtenrate!

Ebenso ergibt sich aus dem skandinavischen System eine Verlängerung der statistisch ‚lebenswerten' Jahre. Denn von der Pflege befreite Angehörige verlieren keine wertvollen Freizeiten im zeitaufwendigen und kräftezehrenden Einsatz für Alte. Ihrerseits erleben die Pfleglinge sich im staatlich unterstützten System nicht mehr als Last für ihre Angehörigen. Gewinnen sogar dank früh organisierter Vorsorge ihrerseits lebenswerte Jahre.

Ist aber das aus gesetzlicher Abgabe gut finanzierte System wirklich einer familiären Zuwendung (und wieder sei betont: soweit heute noch vorhanden!) überlegen? Was ist mit der Behauptung, die Mehrheit der Alten wolle auf keinen Fall „ins Heim" sondern solange als irgend möglich „im Kreis ihrer Lieben" leben?

Gerade den Heimaufenthalt verzögert ja das skandinavische System, indem es das Verbleiben im vertrauten häuslichen Bereich ermöglicht. Cornelia Heinze schreibt dazu in ihrem hervorragend recherchierten Buch ‚**Auf der Highroad zu einem zeitgemäßen Pflegesystem**': „*Die skandinavischen Systeme sind getragen von der Idee, dem einzelnen Individuum im Sinne von ‚Hilfe zur Selbsthilfe' das an staatlichen Unterstützungsleistungen zukommen zu lassen, was er oder sie benötigt, um möglichst lange ein selbstbestimmtes Leben zu führen. ... Wird permanente Pflege und häusliche Unterstützung benötigt, kann es um wenige Stunden pro Woche ebenso gehen wie um einen 24-Stunden-Service.*"

Ins Heim kommen dort untragbar schwere Pflege-Fälle. Oder jene Alte die statt einsam zuhause doch lieber in der behüteten Gemeinschaft von Heimen leben wollen. Dort aber **ohne** Mangel an Pflegepersonal. Dessen Zahl wächst nämlich in dem Maß, in dem unsere Lebenserwartung steigt. Also werden ständig mehr Ausbildungsplätze finanziert und zwangsläufig erhalten mehr Fachkräfte angemessene Gehälter – auch wenn dadurch die Abgabe erhöht werden müsste.

Natürlich gibt es auch in diesen Ländern immer wieder neue Mängel des Pflege- und Gesundheits-Systems. Besonders Island musste nach der Finanzkrise große Belastungen überwinden. Aber der starke soziale Konsens darüber, dass die Hilfe für Kranke und Alte quasi ein Grundrecht ist, verleiht diesem Versorgungs-System eine solide Stabilität und findet ständig verbessernde Erneuerungen.

Warum schafften bisher deutsche Regierungen im überzeugenden Vergleich zu unseren skandinavischen Nachbarn es nicht unser Pflege-System auszutauschen? Muss erst der Super-GAU sie zwingen? Wie er ja in der Atomwirtschaft das ferne Japan traf, was endlich bei uns den Anstoß gab, einen von der Politik so lange verteidigten Irrweg zu verlassen und die unsägliche Summen verprassende Atomenergie per Gesetz (!) gegen ein anderes System einzutauschen, nämlich dem der erneuerbaren Energiequellen. Warum nun nicht auch per Gesetz (!) eine rigorose Neuregelung des Pflege-Systems?

Unübersehbar wird demnächst ein ‚Tsunami' nicht versorgter Alter und Kranker auf uns zukommen. Das fordert uns **heute** auf, endlich den erfolgreichen Beispielen Skandinaviens und der Niederlande zu folgen. Zugleich mit der Chance von dortigen Mängeln zu profitieren, indem wir sie bei uns vermeiden.

Soll es denn eine mutige Korrektur unserer maroden Pflege-Versorgung erst geben, wenn die Katastrophe eines massenhaft unversorgten Sterbens eintritt? Sind all die warnenden Stimmen nichts wert, die seit Jahren auf diese Sackgasse hinweisen?

Gibt es Rettung?

Oft schon hat sich erwiesen, es bedarf unter vielen Warnungen nur einer einzigen im rechten Moment v o r einer Katastrophe um sie gerade noch abzuwenden. Man muss nicht die romantische Geschichte des einsamen Noah glauben, der gerade noch rechtzeitig seine Arche baute. Es muss eine Warnung sich nur *Gehör* verschaffen. Und wenn das einer einzelnen Stimme und sowieso den schwachen Alten nicht gelingen kann? **Dann lasst nun dieses Buch anschwellen von wenigen Seiten auf tausende! Schreibt für uns alle auf, was euch, euren Angehörigen und Freunden schon heute in diesem maroden Pflege-System widerfährt. Schreibt euer Buch weiter und weiter. Authentische Berichte von mehr und mehr Betroffenen können dem stillen Elend ein alarmierendes Forum schaffen.**

Viele der 17 Millionen Singles haben für sich selbst das Problem noch nicht einmal erkannt. Wie ja auch ich selbst es aufgeschoben hatte. Inzwischen kenne ich so viele Betroffene die zum Bersten gestaut sind mit Wut und Verbitterung über unser System. Oder davon erfahren haben im Bekanntenkreis und sich daher eigene Gedanken gemacht haben wie es bessere Hilfe geben könnte. Alle solltet ihr davon berichten. Dass dieses Buch in zweiter und dritter und weiterer Ausgabe hunderte Seiten dick wird.

Es müssten eure Beiträge sich auch nicht begrenzen auf uns millionenfach in die Jahre kommende Singles, der Notstand betrifft jeden in unserem Land. Schreibt, schreibt! Wir Alten können nicht mehr lautstark demonstrieren. Wenn sich aber nun aus einem einzelnen Ruf gegen die Pflege-Katastrophe eine Protest-Lawine von tausendfach erzählten Einzelschicksalen löst, in einem von allen Medien mehr und mehr beachteten Buch-Projekt – werden dann nicht Millionen davon alarmiert sein und den lahmen Politikern endlich Mut machen sich mit einem Systemwechsel per Gesetz gegen Profiteure zu behaupten?

Symbolisch bleiben in dieser ersten Buch-Ausgabe leere Seiten! Für euch eine Aufforderung uns in Briefen und Mails tausendfach zu berichten. Von eigenen Lösungs-Ideen, von eigenen leidvollen Erfahrungen, auch aufzuschreiben, was euch Alte und Kranke berichten denen bereits die Kraft fehlt ihre Misere öffentlich zu machen. **Erst die Masse der von euch beschriebenen Einzelschicksale wird uns allen das sich heranwälzende Problem deutlich machen. Wenn wir von vielen Schicksalen erfahren, wird die Gefahr uns a l l e n endlich bewusst.**

Wir dürfen sie uns nicht länger verschweigen. Keiner weiß, ob und wann er Hilfe braucht. Und ob dann die zu wenigen Helfer nur noch von wenigen bezahlt werden können. Keiner soll hilflos ‚in aller Stille' versinken. Dies Buch soll ein millionenfach lautes Echo haben – und sich gerade noch rechtzeitig gegen unser abertausendfach lautloses Dahinsiechen empören.

Und sage heute keiner, das sei doch ganz undenkbar, es wird nicht geschehen, unsere hoch zivilisierte Gesellschaft wird solch ein massenelendes Sterben der Hilflosen nicht hinnehmen! Nehmen wir nicht jetzt schon hin, dass Krankenhäuser todkranke Kinder verzweifelt abweisen aus Personalmangel? Haben wir nicht ein Massensterben der letzten Kriege überstanden?

Man darf durchaus die provokante Frage stellen: „Die fünfzig Millionen Kriegstoten allein des letzten Krieges in Europa – fehlen sie uns heute?" Wären Millionen nicht umgekommen, sie hätten heute Kinder und Kindeskinder...! Sind wir nicht genug im Boot? Gibt es nicht gleich ein Geschrei, wenn heute aus Kriegsgebieten flüchtende Menschen uns „überrennen"? Unser Hab und Gut ‚bedrohen'! Sich bei uns ‚einnisten'! Die wir doch nur zufällig nicht selbst Flüchtende sind, weil bei uns die Lebensumstände friedlich stabil scheinen. Bis zur „Katastrophe".

Ist sie wirklich nicht vermeidbar?

Womöglich kein Zufall, dass aktuell wieder profitable Kriege denkbar scheinen. Man schafft Feindbilder, propagiert Heimat und glorifiziert nationale Grenzen! Es schwingt der derzeitige amerikanische Präsident seine Neander-Keule. Und gleich predigt ein Mullah: „Wir können die Atombombe bauen und werden dann Tel Aviv pulverisieren!" Dieses Wort hat mich bis in den Schlaf verfolgt. Ich stellte mir Berlin „pulverisiert" vor.

Wieso Krieg bei uns? Ich saß Anfang des Jahres als Gast frühstückend in einem Parkhotel und habe am Nachbartisch eine junge Familie beobachtet, der Vater liebevoll um seine beiden Kinder bekümmert, er trug ein schwarzes T-Shirt das auf dem Rücken weithin erkennbar einen Nazi-Adler aufgedruckt hatte, in den Krallen hielt der jedoch nicht das Hakenkreuz, sondern einen Fußball und darunter stand in Nazi-Lettern: „Diesmal kommen wir im Sommer!" Gemeint war Russland zur anstehenden Fußball-Weltmeisterschaft. Leider saß ich alleine an meinem Tisch, leider fehlte mir der Mut zu dem netten Kindsvater zu gehen und ihn freundlich zu fragen ob er wieder ein paar Millionen Russen umbringen möchte.

Es hat mich dennoch dermaßen aufgeregt, dass ich nachts diesen Slogan recherchierte und solche T-Shirts im Net offen zum Kauf angeboten fand. Darunter auch Ausgaben mit Hakenkreuz und Stahlhelm. Ich las auch, dass der Deutsche Fußballverband sich davon sofort distanziert hatte und russische Hooligans ankündigten die Träger solcher T-Shirts zu erschlagen und in russischer Erde zu begraben. Immerhin wurde dieser Slogan von informierten Usern verspottet, denn "damals" war ja die deutsche Wehrmacht bereits im Sommer ‚gekommen', marschierte am 4. Juni in Russland ein und wurde im Winter erst besiegt. Der Slogan erinnert nur die Niederlage, ruft blöd auf zum Sieg „diesmal im Sommer"...! Aber solche Ignoranz der wahren Vergangenheit –ungeachtet auch der Tatsache, dass unser "Kommen" ein verbrecherischer Überfall war- schafft der Dummheit dieses netten Kindsvaters eine noch erschreckendere Dimension. Sitzt frühstückend im Parkhotel und trägt bewusst für alle sichtbar dieses ignorante Logo am Leib.

Könnt ihr also, die ihr heute jung seid, der Bestie Mensch trauen? Werdet nicht auch ihr Krieg führen zur „Verteidigung der Grenzen" und zur erfolgreichen Dezimierung der Bevölkerung? Oder werdet ihr friedlich eure Alten versorgen? Könnt ihr auf ein **familien**basiertes System bauen, das eure Alten auch dann noch schützt, wenn sie demnächst wie ein Grillenschwarm euch „den Tisch kahl fressen"? Welcher ‚Markt' wird das verhindern? Warum nicht wieder ein befreiender Krieg? Wie schon seit Jahrhunderten: werden wir zu viele, schlagen wir einander tot. Zivilisationen blühen und fallen in Schutt und Asche. Ein unveränderbarer Kreislauf?

Siebzehn Billionen Dollar wurden im Jahr 2017 weltweit für die Anschaffung neuer Waffen vergeudet -- um welchen Feind zu pulverisieren? Der jährliche deutsche Militär-Etat ist auf 43 Milliarden angeschwollen. Tendenz steigend. Wissen wir nicht längst, dass jedweder Krieg nur Mord und Zerstörung bringt? Ist es denn ein Naturgesetz, dass profitable Kriege zugleich Überbevölkerungen regulieren? So war es seit eh und je – so hat sich die Menschheit stets dezimiert u n d erneuert. Niemand wird das ändern?!!

Wir haben heute die Chance in eine Phase des Erwachens zu wechseln.

Die Flut all der weltweiten ‚Katastrophen'-Nachrichten hat uns lange genug gelähmt. Werdet ihr Jungen euch nur empören, oder euch wirksam dagegen auflehnen?

Faszinierend das Beispiel eines deutschen Schülers. Er hatte als neunjähriger Bub von der Bedrohung unseres Klimas wegen der Überproduktion von CO2 Abgasen erfahren. Hörte die Erwachsenen darüber jammern, sah keinen der versuchte die Gefahr zu bannen. Dieses Kind wusste jeder Baum baut zu einem kleinen Teil dieses schädliche Gas ab, es erschien ihm also kindlich logisch: wir müssten mehr Bäume pflanzen als CO2 von uns produziert wird. Und weil er den Erwachsenen das nicht zutraute, war es für ihn naheliegend: weltweit könnten Kinder je einen Baum pflanzen. Er war erst neun, aber dachte nicht an seine Freunde aus der Nachbarschaft oder der Schule, er dachte global. Eine Million Kinder können eine Million Bäume sein.

Vermag denn heute ein einzelnes Kind sich „weltweit" Gehör zu verschaffen? Könnte dann ein Kind uns nicht ebenso lehren wie wir uns erfolgreich gegen Profiteure schützen? Wie wir unsere Alten nicht in lästiges Elend treiben? Keine Plastikreste in unserer Nahrungskette dulden, keine verpestete Luft, keinen verstrahlten Müll, keine Massenvernichtung von Tieren, wovor schon Einstein warnte: „erst die Bienen, dann der Mensch" -- von all dem **wissen** heute unsere Kinder! Und genau das bietet eine Chance a l l e Sackgassen zu verlassen!

Vermutlich schaffen das nicht mehr wir Alte und unsere laschen Politiker. Von allerlei bekloppten Populisten ganz zu schweigen. Es kann aber das Wissen um all die weltweit menschgemachten Katastrophen unsere hellwachen Enkel dazu provozieren den uralten Irrsinn nicht hinzunehmen. Statt vor „Katastrophen" nur zu warnen, könnten Kinder und Jugendliche intelligent beginnen, einen Irrtum nach dem anderen zu korrigieren. „Wozu denn all den Blödsinn unserer Ahnen wiederholen?!"

Ich traue einer neuen Generation, wenn nicht dieser nächsten dann der darauffolgenden, eine **globale** Kehrtwende zu – w e i l sie so jung schon so umfassend informiert sein werden. Den Kreislauf unterbrechen können. Allen Widersinn den wir Alten hinterlassen – einfach wegräumen. So klarsichtig wie das Kind im Märchen ,Des Kaisers neue Kleider'...

Ist es nur eine verzweifelt romantische Hoffnung? Eine neue Generation junger Menschen wird u n s e r e Fehler korrigieren – anstatt uns `Müllverursacher' lautlos zu entsorgen? Warum sollten sie weitsichtiger handeln als wir? Nun, vielleicht aus der überfälligen Erkenntnis, dass sie den absurden Zyklus von Aufbau und Zerstörung unterbrechen müssen. **Gerade noch rechtzeitig, ehe sie alle lautlos versinken im globalen Pflegenotstand einer ruinierten Umwelt.**

Erst einmal müssten allerdings diese Jungen immun bleiben gegen die alte Angstmache: „Verteidige mit Gewalt was du hast, ehe es dir dein gieriger Nachbar klaut!" Sind wir denn verdammt einander immer wieder Feind zu sein? Friede ist eine Frage von Mut und Intelligenz -- einiger weniger! Verantwortung für historische Korrekturen trägt stets nur eine kleine Gruppe der Sehenden. Ihnen folgen die Massen. Manchmal genügt das Beispiel eines Einzelnen, wie etwa Gandhi. Es kann heute aber global die Zahl der jungen Sehenden steigen, weil sie mehr voneinander wissen. Weil sie Geschichte nicht ignorieren. Weil sie statt Hass das Lieben früh lehren. Und weil sie Katastrophen nicht bejammern, sondern sie sehend abwenden.

Sogar als Singles werden sie miteinander solidarisch agieren – aus purer Vernunft werden sie allesamt das uralte Muster rigoroser Habgier verlassen. Zwar ist der Slogan „gleiche Chancen für alle" purer Unsinn. Aber „ungleiche Chancen für wenige" – das ist ein ebensolcher Widersinn.

Wieso sollte es den Jungen nicht endlich möglich werden, der alten Maxime zu folgen, nach der unsere individuelle Freiheit in harmonischem Einklang zur Freiheit a l l e r stehen muss? Es kann sich eine global informierte Generation nicht mehr als national definieren. Sie wird nicht mehr in einer Welt von menschgeschaffenen Abgrenzungen und Zerstörungen leben wollen. Sie wird jung informiert mit Vernunft dem uralten Widersinn begegnen – angesichts eines global drohenden Untergangs.

Es müssen einzelne Stimmen von vielen gehört werden.

Wie sich Generationen von Menschen in blindem Blutrausch für ‚reinigende' Kriege gegen ‚Feinde' begeistern ließen, so könnte eine global informierte Jugend sich für Kreativität und Vernunft begeistern lassen. Es braucht dazu nur einige mutig denkende Lehrer. Weltweit können sie lehren das rettend Richtige zu tun, statt sich in lokalem Egoismus abzuschotten. Es gibt ermutigende Ansätze dafür.

Ein konkretes Beispiel ist dieses skandinavische Pflege-Modell. Hier brauchte es nur das Umdenken, wonach unser aller Altern als ein geachtetes Verdienst zu sehen ist. Aus Alten-Last wird staatlich verwaltete Fürsorge, von allen getragen zum Vorteil aller. Ebenso werden Plastikberge in den Meeren nicht weiter wachsen, weil alle Menschen kein Plastik mehr verwenden, stattdessen biologisch abbaubaren Ersatz. Und statt Waffen zu schaffen wird Völkern gelehrt sich weitsichtig *gemeinsam* ein stabiles Leben zu organisieren, nicht weiter blöd barbarisch ‚feindliche' Nachbarn zu überfallen – zum Nutzen weniger Profiteure. „Volk ohne Raum" war die griffige Formel nicht nur der Nazis, sondern aller Eroberer. Je mehr die uns nachfolgenden Generationen von den globalen Abläufen und Lebensbedingungen wissen, desto größer wird die Chance, dass nicht Despoten immer neue Feuer entfachen können, sondern alle sich begreifen als *Menschen geboren um zu l e b e n*.

Sie könnten massenhaft neu denken, diese Kinder.

Es ist doch schon heute frappierend, wie sich unsere Probleme von Altenversorgung bis Krieg auf eine globale Betrachtung heben lassen. Es braucht nur den Mut über Grenzen hinaus zu denken. Als der junge Felix Finkbeiner neunjährig diese Baum-Vision hatte, wollte er sich nicht damit begnügen in seinem kleinen Garten nur einen Baum zu pflanzen, nein, Millionen Bäume in allen Ländern -- weil es doch für alle gilt unser Klima zu retten. Als Dreizehnjähriger bereits vertrat er seine These dann im Plenarsaal der UNO! In einer berührenden Rede warb er dafür, dass nicht nur Kinder, sondern j e d e r Mensch einen Baum pflanzen möge. Jeder Baum verwandelt pro Jahr 10 kg CO_2 in reine Luft. Der kleine Felix forderte die Politiker auf: „Stop talking, start planting!" Seither wurden tatsächlich Millionen Bäume gepflanzt, und inzwischen propagiert Felix als Ziel: eine **Billion** Bäume! Nachdem er sich sorgsam vergewissert hat, dass global genügend freie Flächen dafür existieren, niemandem muss Boden für Bäume enteignet werden. Und der Junge lässt sich auch nicht davon irritieren, dass noch immer Gier-Geier uralte Wälder abholzen. Die nächsten Generationen können das beenden.

Die fünfzehnjährige Greta Thunberg aus Schweden wandte sich in einer erstaunlichen Rede auf der **Klimakonferenz 2018** in Polen an die Staatsoberhäupter weltweit: „Wir sind hier, um Sie wissen zu lassen, dass ein Wandel kommt, ob Sie wollen oder nicht. Die Menschen werden sich der Herausforderung stellen." Das sind die Worte eines Kindes dieser nächsten Generation.

Alles Schädliche kann kreativ durch Unschädliches ersetzt werden. Schon jetzt könnten Autokarosserien aus einem Bambusgemisch ebenso stabil gebaut werden wie aus Blech. Es braucht ‚nur' ein globales Umdenken für rettende Kursänderung. Also werden zukünftige Generationen global informiert global handeln. Wenn sie schon als Kind so frühzeitig s e h e n was in unserer Welt schief läuft, warum sollten sie das für ihr Leben hinnehmen? Felix ist heute siebzehn Jahre alt und hat seine Idee zur Lebensaufgabe gemacht. Und Greta sieht es noch drastischer: „Our house is on fire!"

Wir Alten nahmen die selbst verursachten Katastrophen stets resignierend hin. Nicht nur unwissend und mutlos. Auch aus purem Egoismus. Tagtäglich schädigen wir das Erbe unserer Kinder. Vielleicht deshalb fühlen sich viele Alte entmutigt nun ihrerseits Hilfe von den Jungen zu erbitten. Wir haben denen zu viel ‚Müll' geschaffen. Nun ja, auch Raum geschaffen, weil wir zuletzt in Europa viele Millionen Feinde abgeschlachtet haben im Krieg und sechs Millionen zusätzlich in Vernichtungslagern. Diese Blutspur zeugt nicht von Intelligenz. Wir haben den Jungen lediglich vorgelebt wozu Menschen dumpf und blöd fähig sind und dass sie zudem Mord und Zerstörung irrwitzig überleben und ertragen können. Also könnten nun ebenso die Jungen u n s verrecken lassen. Samt unserem Müll uns still versenken.

Nein. Ich glaube genügend dieser Jungen sind dafür zu klug. Lassen sie ihre Alten im Elend enden, werden es die eigenen Kinder ihnen gleichtun. Sie erkennen es ist Zeit unsere Misere nicht mehr zu beklagen, sondern global den alten Kreislauf zu durchbrechen.

Können denn Menschen wirklich massenhaft aus Fehlern lernen? Vielleicht „diesmal" noch folgen sie den falschen Führern – aber werden nicht bald schon genügend Menschen so kreativ denken wie der neunjährige Felix? Wie die fünfzehnjährige Greta? Und tausende junger Menschen, die es ihnen gleichtun? Erst dieser Tage gab es in einer deutschen Stadt wieder eine offiziell angemeldete Demo von fünftausend rabiat Ewiggestrigen. Es gab jedoch am selben Tag im selben Ort fünfundzwanzigtausend Gegendemonstranten. Lässt das nicht hoffen? Wenige Wochen später schon haben Zweihundertfünfzigtausend in Berlin mit dem Slogan „Wir sind unteilbar" gegen Rassismus und Inhumanität demonstriert...
Aber zeigt uns das nicht auch, wie sichtbar und hörbar der Protest sein muss? Wie wenig schicksalsergeben wir uns fügen dürfen, sondern uns miteinander vernetzen und wirksame Vernunft lehren müssen? Welch ein bewundernswerter Akt, dass ein einzelner Junge es schaffte weltweit so viele Menschen zu motivieren nun eine Billion Bäume zu pflanzen. Bedeutet es nicht, dass ebenso wirkungsvoll andere junge Menschen gegen a l l e unsere Fehler angehen können? Nicht weiter national denken und Fremde als Feinde sehen? Sich nicht länger unterscheiden in Rassen, in Herren- und Untermenschen? Eine *informierte*

Jugend kann nicht wie dumme Schafe in blökender Begeisterung skrupellosen Mördern folgen.

Worauf gründet sich solch schwärmerische Hoffnung? Auf gesunden Verstand! Diese Kinder wollen überleben. Dank des weltweiten Informationsflusses müssen sie sich instinktiv widersetzen den tumben Thesen der Populisten. Unsere Eltern haben sich noch mit der Behauptung zu verteidigen versucht, die Verbrechen der Nazis nicht erkannt und durchschaut zu haben. Auch hatten sie Angst vor den Mächtigen. Und noch heute gelingt es einigen Demagogen verängstigte Massen zu manipulieren in blutgeilen Lüsten. Jede Nacht laufen auf fast allen deutschen TV-Kanälen krasse Filme von Verbrechen und Horror. Welcher ‚Bedarf' wird hier bedient? Warum werden diese Filme nicht ausgetauscht gegen ermutigende Geschichten von heilender Solidarität? Bleiben wir wirklich der Mordlust, dem Verbrechen, der Lüge und Habgier ausgesetzt? Sind die Menschen mehrheitlich dumm oder nur doof erzogen? Kann sich das nicht ändern? Wird kein junger TV-Direktor all diese Horror-Propaganda einfach aus dem Programm nehmen?

Genügt das? Gibt es nicht unbelehrbar mitleidlose Menschen? Seien wir nicht so romantisch, das zu verneinen. Aber es kommt auf die Mehrheitsverhältnisse an. Fünfundzwanzigtausend mutig gegen Fünftausend. Die uns nachfolgenden Generationen werden vor der Aufgabe stehen ihre Kinder *angstfrei* mitfühlend zu erziehen. Vernunft und Empathie massenhaft früh zu l e h r e n. Von klein auf. Zugleich Lebensumstände zu schaffen, die Neid und Habgier entmachten. Also massenhaft früh ihren Kindern den Sinn von Frieden statt Zerstörung vorzuleben. Bis die Mehrheit der Menschen verstanden hat: Egoismus schafft ihnen kein stabiles, beschützendes System, er schafft nur metzelndes Gegeneinander – zum Profit einiger Manipulatoren. *Barack Obama: „Ja, Empathie ist eine Tugend, die unsere Welt verändern kann."*

Die Mehrheit wird wissen: jede Entwicklung in der wenige Menschen davon profitieren dass viele arm bleiben, scheitert seit Generationen. Denn immer stürmen irgendwann verarmte Massen die Villen der Superreichen. **Nicht Geld regiert die Welt, sondern der unbändige Überlebenstrieb der Massen.**

Das hoffen wir Alten um die Jungen uns gnädig zu stimmen? Schaut in unsere Nachbarländer, dort versorgen sie schon heute ihre Alten solidarisch. Dort schwafeln sie nicht von ein paar tausend günstig gekauften Pflegekräften, statt mit visionärem Mut gegen Profiteure wirksame Gesetze zu schaffen. „Stop talking, start planting!" Oder Greta: „Wir sind nicht hierhergekommen, um die Staatsoberhäupter der Welt anzubetteln. ... Wir werden die Verantwortung übernehmen, die Sie schon längst hätten übernehmen sollen."

Glauben wir mit diesen Kindern an den Wandel aus Wissen! Beteiligt euch an diesem Projekt eines unvollendeten Buches. Das wir gemeinsam beenden. Um zu beweisen, dass wir nicht einsam lautlos versinken müssen. Lasst uns den klugen Jungen berichten!

Schreibt eure Not für ein greifbares BUCH, nicht fürs flüchtige Internet. Dort empören sich heute ein paar Millionen und morgen flattern sie auf anderen Seiten. Wir sollten nicht gegenwärtig sein für ein paar Facebook-Sekunden. Auf Papier gedruckt muss unser Appell an die Vernunft sein. Dokumentierte Schicksale *nachlesbar*. Die „Katastrophe" a l l e n sichtbar, um sie gemeinsam abzuwenden.

Ich besaß als Kind ein dickes Märchenbuch. Erstaunt habe ich mich nun als Erwachsener erinnert diese Geschichte damals bei den Gebrüdern Grimm gelesen zu haben:

Der alte Großvater und der Enkel
Gebrüder Grimm, Erstausgabe 1812

Es war einmal ein alter Mann, der konnte kaum gehen, seine Knie zitterten, er hörte und sah nicht viel und hatte auch keine Zähne mehr. Wenn er nun bei Tisch saß und den Löffel kaum halten konnte, schüttete er Suppe auf das Tischtuch, und es floss ihm auch wieder etwas aus dem Mund. Sein Sohn und seine Frau ekelten sich davor, und deswegen musste sich der alte Großvater endlich hinter den Ofen in die Ecke setzen, und sie gaben ihm sein Essen in ein irdenes Schüsselchen -und noch dazu nicht einmal satt-, da sah er betrübt nach dem Tisch, und die Augen wurden ihm nass. Einmal auch konnten seine zittrigen Hände das Schüsselchen nicht festhalten, es fiel zu Boden und zerbrach. Die junge Frau schalt ihn, er aber sagte nichts und seufzte nur. Da kauften sie ihm ein hölzernes Schüsselchen für ein paar Heller, daraus musste er nun essen. Wie sie so da sitzen, so trägt der kleine Enkel von vier Jahren kleine Brettlein zusammen. „Was machst du da?" fragt der Vater. „Ei," antwortet das Kind, „ich mach ein Tröglein, daraus sollen Vater und Mutter essen, wenn ich groß bin." Da sahen sich Mann und Frau eine Weile an, fingen endlich an zu weinen, holten ab sofort den alten Großvater an den Tisch und ließen ihn von nun an immer mit ihnen essen, sagten auch nichts, wenn er ein wenig verschüttete.

Hier folgen leere Seiten, die symbolisch zeigen: dies Buch ist nicht beendet

Schreibt für uns **Briefe oder Mails**, schreibt wie es wirklich ist auf Helfer angewiesen zu sein. Und wie mühsam ihr schon heute Hilfe sucht. Wir müssen von vielen einzelnen Schicksalen erfahren.

Denn dieses Buch soll nun mit jeder neuen Auflage anschwellen auf mehr und mehr Seiten. Schreibt uns! Je mehr wir von euch lesen im nächsten und übernächsten Buch desto deutlicher wird uns allen was wir in unserem Land ändern müssen.

Wie es andere Länder ja längst geändert haben.

Brief-Adresse

Mindmash.tv
Lindenufer 39
13597 Berlin

Mail an **brief@singlesversinken.de**

Zuschriften überlassen uns das Copyrecht

© Knut Koch LLL-Verlag
Berlin, im März 2019